rigolotes Papillotes

Geneviève Péron
Photographies de Thierry Arensma

Albums
LAROUSSE

Sommaire

PAPILLOTES AU POISSON ET AUX FRUITS DE MER

PAPILLOTES AUX FRUITS

Le renouveau de la papillote

Enfin une nouvelle façon de cuisiner qui tient compte des contraintes de la vie moderne !

Par « cuisson en papillote », on entend la technique de cuisson à l'étouffée d'un aliment qu'on accompagne souvent d'une garniture aromatique, d'une sauce et de petits légumes et qu'on enveloppe de façon hermétique dans une feuille de papier sulfurisé ou d'aluminium ou encore dans une feuille végétale.

Aujourd'hui, la papillote se modernise et se perpétue grâce aux moules en silicone. De toutes formes et dotés de couvercles spécifiquement étudiés, ils permettent à la vapeur de se condenser pour retomber dans le récipient et s'évaporer à nouveau.

Cette cuisson saine, avec ou sans apport de matières grasses, préserve autant les saveurs que les nutriments et les vitamines des aliments, tout en permettant de varier les plaisirs gourmands. Simples ou raffinés, en portion individuelle ou pour toute la famille, les plats de viande, de poisson, de légumes et même les desserts aux fruits peuvent y être cuits ou mijotés, dans un four traditionnel ou à micro-ondes, tout en restant diététiques et savoureux.

Le silicone étant une matière souple et résistante à la fois, il supporte aussi bien le froid du congélateur que la cuisson à haute température ; le démoulage des plats se fait aisément et l'entretien des moules est très facile, puisqu'ils passent même au lave-vaisselle…

Ces moules n'ont décidément que des avantages, alors profitez pleinement de leurs qualités et retrouvez le plaisir de cuisiner « en papillote ».

Voici une preuve, s'il en fallait encore, que la cuisine végétarienne ne manque pas de goût ni d'originalité. La cuisson en papillote garantit un résultat moelleux en quelques minutes et donne un coup de jeune à cette traditionnelle recette de tomates farcies.

Tomates farcies aux trois riz, cacahuètes et mimolette

PRÉPARATION : 10 MIN

CUISSON : 30 MIN ENVIRON

POUR 4 PERSONNES

> 4 grosses tomates
> 150 g de mélange de 3 riz
> 2 cuill. à soupe de cacahuètes
> 2 pincées de piment de Cayenne
> 150 g de mimolette
> 3 brins de coriandre, de persil et de ciboulette
> 25 cl de crème liquide
> sel et poivre du moulin

Mettez le riz à cuire environ 20 minutes dans une casserole d'eau bouillante salée.

Hachez grossièrement les cacahuètes, puis faites-les dorer dans une poêle chaude. Ajoutez le piment de Cayenne et mélangez. Coupez la mimolette en cubes. Lavez et ciselez les herbes, puis mélangez-les avec le riz cuit. Ajoutez les cubes de mimolette et les cacahuètes dorées, versez la crème liquide et mélangez bien le tout. Salez et poivrez.

Lavez les tomates, puis découpez-y un chapeau. Évidez-les, puis farcissez-les de la préparation à base de riz. Disposez les tomates farcies avec leur chapeau dans un plat en silicone, couvrez, puis enfournez au micro-ondes et faites cuire 5 minutes à puissance maximale.

Redécouvrez ce grand classique provençal en troquant le traditionnel plat de terre cuite par la papillote en silicone. Accompagnée de tranches de jambon, cette recette familiale, simple et économique reviendra souvent sur la table.

Tian de légumes au fromage frais

PRÉPARATION : 15 MIN

CUISSON : 20 MIN

POUR 4 PERSONNES

> 2 grosses tomates
> 1 aubergine
> 2 courgettes
> 1 bouquet de basilic
> 250 g de fromage frais à tartiner
> 2 cuill. à soupe d'huile d'olive
> sel et poivre du moulin

Préchauffez le four à 180 °C (therm. 6).

Lavez les tomates, l'aubergine et les courgettes, puis coupez-les toutes en rondelles régulières. Disposez celles-ci dans le plat en silicone en intercalant courgette, tomate et aubergine.

Lavez le basilic et ciselez-le finement. Dans un bol, mélangez-le au fromage frais, salez et poivrez, puis répartissez le tout sur les légumes. Arrosez d'huile d'olive, couvrez, puis enfournez et laissez cuire 20 minutes.

Confectionnez ces papillotes avec de la pâte filo ; leur finesse et leur croquant donnent du croustillant à cette recette. Si vous n'en trouvez pas, utilisez des feuilles de brik.

Chou-fleur au fenouil et aux noix de cajou

PRÉPARATION : 20 MIN

CUISSON : 20 MIN ENVIRON

POUR 4 PERSONNES

> 1 petit chou-fleur
> 1 bulbe de fenouil
> 3 cuill. à soupe d'huile d'olive
> 60 g de parmesan
> 8 olives noires
> 50 g de noix de cajou
> 4 feuilles de pâte filo
> sel et poivre du moulin

> ficelle de cuisine

Préchauffez le four à 180 °C (therm. 6).

Détaillez le chou-fleur en petits bouquets, puis faites blanchir ceux-ci 5 minutes dans une casserole d'eau bouillante salée. Égouttez les bouquets, puis refroidissez-les immédiatement à l'eau froide ; ils doivent conserver tout leur croquant.

Coupez le fenouil en fines lamelles, puis faites-le revenir 3 minutes dans une poêle chaude avec 2 cuillerées à soupe d'huile d'olive. Coupez le parmesan en lamelles et les olives en rondelles. Hachez grossièrement les noix de cajou, puis faites-les dorer dans la poêle chaude.

Dans un plat creux, mélangez les bouquets de chou-fleur blanchis et les lamelles de fenouil, puis ajoutez les noix de cajou dorées, les rondelles d'olive et les lamelles de parmesan. Versez le reste d'huile d'olive, salez, poivrez et mélangez bien.

Répartissez la préparation sur les feuilles de pâte filo, puis refermez les papillotes comme des bonbons avec de la ficelle de cuisine. Enfournez et faites cuire 5 minutes.

Voici une façon originale, facile et rapide de cuisiner la courgette. Vous pouvez utiliser d'autres légumes à farcir tels que les tomates, les oignons ou le fenouil et accompagner ce plat de fleurs de courgette frites.

Courgettes farcies au blé et aux pignons de pin

PRÉPARATION : 10 MIN

CUISSON : 20 MIN

POUR 4 PERSONNES

> 4 petites courgettes
> 80 g de blé en grains
> 1 petit poireau
> 3 cuill. à soupe de pignons de pin
> 2 cuill. à soupe de crème fraîche
> 1 pincée de quatre-épices
> 2 cuill. à soupe d'huile d'olive
> sel et poivre du moulin

Dans une casserole d'eau bouillante salée, faites cuire le blé en respectant le temps de cuisson indiqué au dos du paquet, puis égouttez-le.

Lavez le poireau et émincez-le. Dans un faitout, mettez le blé égoutté, le poireau émincé, les pignons de pin et la crème fraîche, saupoudrez de quatre-épices, puis faites revenir 3 minutes avec l'huile d'olive. Salez, poivrez et ajoutez un peu d'eau si nécessaire.

Lavez les courgettes, puis coupez-les en deux dans la longueur. Évidez-les et salez légèrement l'intérieur. Garnissez-les de la farce à base de blé, disposez-les dans un moule en silicone et couvrez. Enfournez au micro-ondes et faites cuire 5 minutes à puissance maximale.

Cette papillote convient aussi bien à un repas végétarien qu'en accompagnement d'une viande ou d'un poisson.

Carottes aux olives

PRÉPARATION : 20 MIN

CUISSON : 30 MIN ENVIRON

POUR 4 PERSONNES

> 600 g de carottes
> 2 gousses d'ail
> 250 g d'oignons doux
> 1 bouquet de coriandre
> 1 bouquet de ciboulette
> 15 olives dénoyautées
> 2 cuill. à soupe d'huile d'olive
> sel et poivre du moulin

> papier sulfurisé
> ficelle de cuisine

Préchauffez le four à 200 °C (therm. 6-7).

Pelez les carottes, lavez-les et coupez-les en rondelles, puis faites-les blanchir 4 minutes dans une casserole d'eau bouillante salée. Égouttez-les et refroidissez-les immédiatement à l'eau froide ; elles doivent rester croquantes.

Pelez l'ail et les oignons, puis hachez-les finement. Lavez et ciselez les herbes. Mélangez le tout dans un saladier, puis ajoutez les rondelles de carotte et les olives. Salez, poivrez, puis arrosez d'huile d'olive et d'un verre d'eau.

Répartissez la préparation sur 4 feuilles de papier sulfurisé, puis refermez les papillotes en aumônière à l'aide de ficelle de cuisine. Enfournez et faites cuire 25 minutes.

Proposez cette délicieuse spécialité provençale très chaude avec du riz ou bien froide, accompagnée de pain de campagne grillé et gratté avec de l'ail frais.

Ratatouille royale

PRÉPARATION : 20 MIN

CUISSON : 45 MIN ENVIRON

POUR 6 PERSONNES

> 3 tomates
> 2 aubergines
> 3 courgettes
> 1 poivron
> 2 oignons
> 5 cuill. à soupe d'huile d'olive
> 1 cuill. à soupe de miel
> 1 branche de thym
> 1 feuille de laurier
> sel et poivre du moulin

Préchauffez le four à 180 °C (therm. 6).

Lavez les tomates, coupez-les et épépinez-les. Lavez les aubergines, les courgettes et le poivron, épépinez ce dernier, puis coupez-les tous en dés. Épluchez, puis émincez les oignons. Dans un faitout sur feu vif, faites chauffer l'huile d'olive, puis faites revenir tous les légumes 5 minutes. Ajoutez le miel, salez, poivrez et mélangez bien le tout.

Versez la préparation dans un moule en silicone, parsemez de thym et de laurier, puis couvrez. Enfournez et laissez cuire 40 minutes. Remuez la ratatouille avant de la servir.

Ces poivrons farcis sont une variante végétarienne de la recette méditerranéenne. Vous pouvez remplacer le boulgour par du quinoa ou toute autre céréale de votre choix. Servez-les accompagnés de crème fraîche.

Poivrons farcis aux noisettes et aux petits légumes

PRÉPARATION : 20 MIN
CUISSON : 55 MIN ENVIRON

POUR 4 PERSONNES

> 4 petits poivrons
> 150 g de boulgour
> 3 cuill. à soupe d'huile d'olive
> 1 oignon
> 5 brins de cerfeuil
> 1 brin d'estragon
> 200 g de noisettes
> 1 petite aubergine
> 1 courgette
> 1 tomate
> 1 branche de céleri
> 20 g de raisins secs
> le jus de 1 citron
> sel et poivre du moulin

> papier aluminium

Préchauffez le four à 220 °C (therm. 7-8).

Lavez les poivrons, coupez-les aux deux tiers dans la longueur pour constituer des chapeaux, puis évidez-les.

Dans une casserole, faites revenir le boulgour avec 2 cuillerées à soupe d'huile d'olive, jusqu'à ce qu'il soit translucide, puis versez deux fois son volume en eau. Laissez-le gonfler 20 minutes, puis égouttez-le.

Épluchez l'oignon, puis émincez-le. Lavez, puis ciselez le cerfeuil et l'estragon. Hachez grossièrement les noisettes. Lavez tous les autres légumes, puis coupez-les en dés. Dans une poêle chaude, faites revenir l'oignon émincé et les dés de légumes 3 minutes avec le reste d'huile d'olive. Ajoutez les herbes ciselées, les noisettes concassées et les raisins secs, puis laissez dorer 2 minutes. Déglacez avec le jus de citron. Versez le tout dans un saladier, ajoutez le boulgour et mélangez bien. Rectifiez l'assaisonnement.

Garnissez les poivrons de farce, replacez les chapeaux, puis enveloppez chacun d'eux d'une feuille d'aluminium. Enfournez et faites cuire 25 minutes.

À défaut de cuisses de poulet, préparez cette recette avec des blancs coupés en lanières. Le riz basmati est l'accompagnement idéal de ce plat relevé.

Cuisses de poulet au curry

PRÉPARATION : 10 MIN
CUISSON : 35 MIN ENVIRON

POUR 4 PERSONNES

> 4 cuisses de poulet
> 1 poivron rouge
> 2 oignons
> 4 cuill. à soupe d'huile d'olive
> 2 cuill. à soupe de curry en poudre
> 15 cl de bouillon de veau chaud
> 1 branche de thym
> sel et poivre du moulin

Préchauffez le four à 200 °C (therm. 6-7).

Lavez le poivron, puis coupez-le en lamelles. Épluchez les oignons, puis émincez-les. Dans une sauteuse, faites dorer les cuisses de poulet environ 5 minutes avec l'huile d'olive, puis ajoutez les lamelles de poivron et d'oignon et faites revenir 3 minutes.

Dans un bol, mélangez le curry au bouillon de veau chaud.

Déposez les cuisses de poulet et les légumes dans un plat en silicone, puis versez le bouillon aromatisé, ajoutez le thym, salez, poivrez et couvrez. Enfournez et laissez cuire 25 minutes.

Ce plat d'une extrême simplicité est délicieux accompagné d'un riz sauvage ou de légumes vapeur. Il est tout aussi excellent servi froid avec une salade verte.

Poulet aux pistaches et aux zestes de citron

PRÉPARATION : 10 MIN

MARINADE : AU MOINS 2 H

CUISSON : 20 MIN

POUR 4 PERSONNES

> 4 blancs de poulet
> le jus et le zeste de 1 citron non traité
> 6 feuilles de menthe
> 60 g de pistaches décortiquées
> 3 cuill. à soupe d'huile d'olive
> sel et poivre du moulin

Découpez le zeste de citron en lamelles. Lavez et ciselez les feuilles de menthe. Coupez le poulet en lanières et hachez grossièrement les pistaches. Mélangez le tout dans un saladier, puis versez le jus de citron et l'huile d'olive, salez et poivrez. Laissez mariner au réfrigérateur au moins 2 heures.

Préchauffez le four à 180 °C (therm. 6).

Égouttez la viande et la garniture, puis déposez le tout dans un moule en silicone. Couvrez, puis enfournez et laissez cuire 20 minutes.

Pour la cuisson, je choisis de préférence des cerises un peu acides comme les griottes ou les montmorency. Hors saison, vous en trouverez au rayon surgelé des magasins.

Magrets de canard aux patates douces et aux cerises

PRÉPARATION : 25 MIN

CUISSON : 40 MIN ENVIRON

POUR 4 PERSONNES

> 2 magrets de canard
> 400 g de patates douces
> 10 cl de vinaigre de vin
> 150 g de cerises fraîches, en boîte ou surgelées
> 2 feuilles de laurier
> sel et poivre du moulin

Préchauffez le four à 180 °C (therm. 6).

Lavez les patates douces, puis coupez-les en rondelles sans les peler. Mettez-les à cuire environ 20 minutes dans une casserole d'eau bouillante salée, puis égouttez-les.

Dans une poêle sur feu vif, faites revenir les magrets de canard 3 minutes côté peau. Enlevez l'excédent de graisse, puis déglacez au vinaigre de vin. Retirez les magrets de la poêle et coupez-les en tranches épaisses.

Déposez les magrets tranchés, les patates douces égouttées, les cerises et le laurier dans un moule en silicone. Salez, poivrez et couvrez. Enfournez et faites cuire 15 minutes. Laissez reposer les magrets aux patates douces et aux cerises 10 minutes avant de servir.

Riche en fer, phosphore et potassium, le pruneau est un aliment énergétique, un stimulant nerveux, sain et efficace. Il se marie par ailleurs très bien à la finesse du lapin.

Cuisses de lapin aux pruneaux

PRÉPARATION : 10 MIN
TREMPAGE DES PRUNEAUX : 1 H
CUISSON : 40 MIN ENVIRON

POUR 4 PERSONNES

> 4 cuisses de lapin
> 1 sachet de thé
> 200 g de pruneaux ou 16 gros pruneaux
> 3 échalotes
> 2 cuill. à soupe d'huile d'olive
> 2 cuill. à soupe de vinaigre de cidre
> 20 cl de vin blanc
> 1 bouquet garni
> sel et poivre du moulin

Dans une casserole d'eau bouillante, faites infuser le sachet de thé, puis ajoutez les pruneaux et laissez-les tremper 1 heure.

Préchauffez le four à 180 °C (therm. 6).

Épluchez les échalotes, puis hachez-les finement. Dans une cocotte sur feu vif, faites colorer les cuisses de lapin et les échalotes avec l'huile d'olive et le vinaigre de cidre 5 minutes, puis salez et poivrez. Versez le vin blanc et laissez cuire 5 minutes.

Égouttez les pruneaux. Déposez les cuisses de lapin et la garniture dans le moule en silicone, ajoutez les pruneaux égouttés et le bouquet garni, puis couvrez. Enfournez et laissez cuire 30 minutes.

Pour apprécier pleinement les qualités acides et sucrées des agrumes, choisissez-les lourds avec une peau fine et lisse.

Filets mignons aux agrumes

PRÉPARATION : 20 MIN

CUISSON : 30 MIN

POUR 4 PERSONNES

> 2 filets mignons de porc de 300 g chacun

> 2 oranges

> 1 pamplemousse rose

> 3 cuill. à café de moutarde à l'ancienne

> 1 poivron rouge

> 2 carottes

> 4 brins de persil

> 2 cuill. à soupe d'huile d'olive

> sel et poivre du moulin

Préchauffez le four à 200 °C (therm. 6-7).

Râpez les zestes d'une orange et d'un demi-pamplemousse, puis pressez ces mêmes agrumes. Dans un bol, mélangez le jus obtenu à la moutarde. Pelez à vif le reste des agrumes et coupez ceux-ci en quartiers.

Découpez les filets mignons en tranches épaisses. Lavez le poivron, puis émincez-le en fines lanières. Épluchez les carottes, rincez-les, puis coupez-les en lamelles à l'aide d'un couteau Économe. Lavez le persil et ciselez-le.

Dans un moule en silicone, déposez les tranches de filet mignon, ajoutez les lanières de poivron, les lamelles de carotte, les zestes et les quartiers d'agrumes. Parsemez de persil ciselé et versez l'huile d'olive en filet ainsi que le jus de fruit à la moutarde. Salez, poivrez et couvrez. Enfournez et faites cuire 30 minutes. Laissez reposer les filets mignons 5 minutes avant de les servir.

Toniques et rafraîchissantes, les variétés de menthe accompagnent de nombreux plats salés ou sucrés. Dans cette recette, la menthe verte convient très bien au goût prononcé de l'agneau.

Noisettes d'agneau à la menthe

PRÉPARATION : 10 MIN

CUISSON : 15 MIN ENVIRON

POUR 4 PERSONNES

> 800 g de collier d'agneau
> 15 à 20 feuilles de menthe verte
> 5 cl de vinaigre de cidre chaud
> 12 petits oignons blancs
> 5 cuill. à soupe d'huile d'olive
> sel et poivre du moulin

Préchauffez le four à 200 °C (therm. 6-7).

Lavez les feuilles de menthe, puis mettez-les dans un bol avec 10 cl d'eau et le vinaigre de cidre chauds. Laissez infuser le temps de la préparation.

Découpez l'agneau en cubes. Épluchez les oignons en laissant une partie des fanes vertes. Dans une poêle sur feu vif, faites revenir les morceaux de viande et les oignons 3 minutes avec l'huile d'olive.

Déposez la viande et sa garniture dans un plat en silicone, puis arrosez de l'infusion à la menthe avec les feuilles. Salez, poivrez et couvrez. Enfournez et faites cuire 10 minutes.

Le tajine traditionnel permet une cuisson à l'étouffée ; la vapeur monte dans le cône, se condense, mélange les saveurs et retombe sur les aliments qui cuisent tout en restant fondants. Le tajine en silicone reprend cette qualité en l'optimisant, puisque vous pouvez aussi l'utiliser au four à micro-ondes.

Tajine d'agneau aux amandes et aux fruits secs

PRÉPARATION : 15 MIN

CUISSON : 45 MIN ENVIRON

POUR 4 PERSONNES

> 800 g de collier d'agneau
> 1 oignon
> 5 cuill. à soupe d'huile d'olive
> 150 g de fruits secs mélangés (abricots, raisins, figues)
> 50 g de sucre en poudre
> 2 tomates
> 4 brins de coriandre
> 150 g d'amandes
> 1 cuill. à café de ras el-hanout
> sel et poivre du moulin

Préchauffez le four à 200 °C (therm. 6-7).

Coupez la viande en gros cubes. Épluchez l'oignon, puis émincez-le. Dans une poêle sur feu vif, faites dorer les morceaux de viande et d'oignon 3 minutes avec l'huile d'olive.

Mettez les fruits secs à gonfler avec le sucre dans une casserole d'eau froide, puis faites chauffer l'eau 10 minutes à feu vif. Égouttez-les.

Lavez les tomates, puis coupez-les en dés. Lavez la coriandre, puis ciselez-la. Dans un moule à tajine en silicone, déposez les morceaux de viande et d'oignon dorés, ajoutez les dés de tomate et les fruits secs égouttés. Répartissez les amandes, parsemez de coriandre ciselée et saupoudrez de ras el-hanout. Salez, poivrez et couvrez. Enfournez et faites cuire 30 minutes.

Spécialités nord-africaines, les citrons confits doux et parfumés s'accordent parfaitement à la douceur des tomates cerises.

Veau aux citrons confits

PRÉPARATION : 10 MIN

CUISSON : 25 MIN ENVIRON

POUR 4 PERSONNES

> 500 g de noix de veau
> 2 petits citrons confits
> 4 oignons blancs
> 12 tomates cerises
> 4 brins de persil plat
> 4 brins de coriandre
> 3 cuill. à café d'huile d'olive
> 2 pincées de cumin en poudre
> 25 cl de vin blanc doux
> sel et poivre du moulin

Préchauffez le four à 180 °C (therm. 6).

Coupez le veau et les citrons confits en cubes. Épluchez les oignons blancs, puis émincez-les. Lavez les tomates cerises ainsi que le persil plat et la coriandre, puis ciselez les herbes.

Dans une sauteuse sur feu vif, faites revenir les morceaux de veau 2 minutes avec l'huile d'olive. Ajoutez les oignons blancs, saupoudrez de cumin, salez et poivrez, puis déglacez au vin blanc.

Hors du feu, ajoutez les tomates cerises, les dés de citron confit, la coriandre et le persil ciselés, puis mélangez bien. Versez le tout dans un moule en silicone et couvrez. Enfournez et faites cuire 20 minutes.

Clin d'œil à l'Orient, ces boulettes de viande s'accommodent très bien à la cuisson en papillote. En guise de variante, cassez un œuf sur les boulettes, ou bien remplacez la viande hachée par du poisson.

Boulettes de bœuf aux oignons et aux herbes

PRÉPARATION : 20 MIN

CUISSON : 20 MIN ENVIRON

POUR 4 PERSONNES

> 500 g de viande hachée
> 100 g de pignons de pin
> 2 oignons
> 5 cuill. à soupe d'huile d'olive
> 1 gousse d'ail
> 1 grosse poignée de persil, de ciboulette et de coriandre mélangés
> 1 œuf
> 2 cuill. à soupe de farine
> 25 cl de crème liquide
> 1 cuill. à soupe de quatre-épices
> sel et poivre du moulin

Préchauffez le four à 180 °C (therm. 6).

Dans une poêle sur feu vif, faites griller les pignons de pin. Épluchez les oignons, émincez-les, puis faites-les dorer dans une autre poêle avec l'huile d'olive. Épluchez l'ail, puis émincez-le. Lavez et ciselez les herbes. Dans un saladier, mélangez la viande hachée avec les herbes ciselées, ajoutez les oignons dorés, l'ail émincé, les pignons de pin grillés, l'œuf entier et la farine. Mélangez bien le tout, salez et poivrez.

Façonnez les boulettes de viande en les roulant dans le creux des mains et disposez-les au fur et à mesure dans un plat en silicone.

Mélangez la crème liquide avec le quatre-épices, puis versez-la sur les boulettes de bœuf. Couvrez, enfournez et faites cuire environ 10 minutes.

Le cresson est un légume parfait pour accompagner de façon diététique viandes et poissons. D'avril à septembre, choisissez-le avec des feuilles bien vertes et serrées, légèrement humides.

Filets de saumon au cresson

PRÉPARATION : 10 MIN

CUISSON : 10 MIN

POUR 4 PERSONNES

> 4 filets de saumon avec la peau
> 1 botte de cresson
> 1 citron
> 4 tranches de lard
> 2 cuill. à soupe d'huile d'olive
> sel et poivre du moulin

Préchauffez le four à 200 °C (therm. 6-7).

Lavez et essorez le cresson. Coupez le citron en rondelles.

Dans un moule en silicone, déposez les filets de saumon, côté peau en dessous, couvrez-les d'une tranche de lard, ajoutez les rondelles de citron, arrosez d'huile d'olive et parsemez le tout de cresson. Salez, poivrez et couvrez. Enfournez et faites cuire 10 minutes.

C'est principalement le thon rouge qui est cuisiné frais, mais vous pouvez aussi préparer cette recette avec du thon blanc breton.

Thon aux gousses d'ail

PRÉPARATION : 15 MIN

CUISSON : 1 H ENVIRON

POUR 4 PERSONNES

> 4 tranches de thon de 120 g chacune
> 2 têtes d'ail nouveau
> 2 cuill. à soupe d'huile d'olive
> 4 feuilles de chou
> 1/2 poireau
> 12 olives vertes dénoyautées
> 4 brins de persil plat
> 1 citron
> piment d'Espelette en poudre

> ficelle de cuisine

Préchauffez le four à 180 °C (therm. 6).

Dans un plat à four, déposez les têtes d'ail, arrosez-les d'huile d'olive, puis enfournez et laissez cuire 30 minutes.

Dans une casserole d'eau bouillante salée, faites blanchir les feuilles de chou 1 minute, puis plongez-les immédiatement dans de l'eau glacée pour les refroidir. Épluchez le demi-poireau, lavez-le et émincez-le. Faites blanchir les lanières obtenues 2 minutes dans la même eau bouillante, puis plongez-les immédiatement dans de l'eau glacée pour les refroidir. Détachez les gousses d'ail rôties les unes des autres. Coupez les olives en rondelles et le citron en quartiers. Lavez et ciselez le persil.

Déposez chaque tranche de thon au centre d'une feuille de chou blanchie, puis répartissez les lanières de poireau, les rondelles d'olive, les gousses d'ail rôties et le persil ciselé. Saupoudrez de piment d'Espelette, puis pliez les feuilles de chou et fermez-les à l'aide de ficelle de cuisine. Enfournez et laissez cuire 25 minutes.

Accompagnez les papillotes au thon de quartiers de citron.

N'hésitez pas à varier les légumes de cette recette en fonction des saisons et même à remplacer le cabillaud par du lieu ou de la julienne. Pour les amateurs, une étoile de badiane donnera une note anisée à ce plat.

Cabillaud aux petits légumes

PRÉPARATION : 10 MIN

CUISSON : 15 MIN ENVIRON

POUR 4 PERSONNES

> 600 g de cabillaud
> 1 carotte
> 100 g de champignons de Paris
> 4 petits oignons blancs
> 100 g de haricots mange-tout
> 100 g de pousses de soja
> 4 cuill. à soupe d'huile d'olive
> sel et poivre du moulin

Préchauffez le four à 200 °C (therm. 6-7).

Lavez la carotte, épluchez-la et taillez-la en rondelles. Lavez les champignons de Paris, épluchez les oignons, puis émincez le tout. Dans une casserole d'eau bouillante, faites blanchir les rondelles de carotte et les haricots 3 minutes, puis plongez-les immédiatement dans de l'eau glacée pour les refroidir ; ils doivent conserver tout leur croquant.

Déposez les filets de cabillaud dans un plat en silicone, ajoutez tous les légumes, versez l'huile d'olive en filet, salez et poivrez. Couvrez, puis enfournez et faites cuire 10 minutes (vous pouvez aussi cuire ce plat 10 minutes au four à micro-ondes à puissance maximale).

La cuisson du saint-pierre dans la feuille de bananier donne une touche d'exotisme, mais vous pouvez aussi réaliser cette recette dans toute autre sorte de papillote.

Filets de saint-pierre aux légumes du soleil

PRÉPARATION : 15 MIN

CUISSON : 15 MIN ENVIRON

POUR 4 PERSONNES

> 4 filets de saint-pierre
> 2 courgettes
> 1 aubergine
> 1 tomate
> 2 gousses d'ail
> 8 cuill. à soupe d'huile d'olive
> 1 branche de thym
> sel et poivre du moulin

> 4 feuilles de bananier
> ficelle de cuisine

Préchauffez le four à 180 °C (therm. 6).

Lavez les courgettes, l'aubergine et la tomate, puis coupez-les en dés. Épluchez l'ail, puis hachez-le. Dans une sauteuse, faites revenir le tout 5 minutes avec l'huile d'olive et le thym, jusqu'à ce que les légumes commencent à colorer. Salez et poivrez.

Disposez les filets de saint-pierre sur les feuilles de bananier (coupez les filets en morceaux si nécessaire), puis ajoutez les légumes. Pliez les feuilles et maintenez-les fermées avec de la ficelle de cuisine ou du raphia. Enfournez et faites cuire de 8 à 10 minutes sur la grille du four.

Cette recette simple est un vrai plaisir pour les papilles ; elle associe la finesse du turbot à la délicatesse de l'artichaut et à la saveur anisée du fenouil.

Turbot aux artichauts et au fenouil

PRÉPARATION : 15 MIN

MARINADE : AU MOINS 2 H

CUISSON : 20 MIN ENVIRON

POUR 4 PERSONNES

> 4 filets de turbot
> 1 cuill. à soupe de graines de fenouil
> 50 cl d'huile d'olive
> 50 cl de vin blanc
> 2 bulbes de fenouil
> 1 poireau
> 2 cœurs d'artichauts violets
> 2 gousses d'ail
> 1 oignon
> 8 tomates cerises
> 1 citron
> 1 branche de romarin
> sel et poivre du moulin

Préchauffez le four à 180 °C (therm. 6).

Dans un plat creux, déposez les filets de turbot, ajoutez les graines de fenouil, puis versez la moitié de l'huile d'olive et du vin blanc. Laissez mariner au moins 2 heures.

Épluchez le fenouil et le poireau, lavez-les et émincez-les. Coupez les cœurs d'artichaut en morceaux. Épluchez, puis hachez l'ail et émincez l'oignon. Lavez les tomates et coupez le citron en rondelles.

Égouttez les filets de turbot et saisissez-les 3 minutes sur un gril, côté peau. Dans une grande poêle, faites revenir les cœurs d'artichaut, le fenouil et l'oignon émincés 3 minutes avec le reste d'huile d'olive, puis ajoutez le poireau et l'ail. Versez le reste de vin blanc et faites réduire jusqu'à évaporation complète.

Dans un moule en silicone, déposez les légumes, puis les filets de turbot. Répartissez les tomates et les rondelles de citron, ajoutez la branche de romarin, salez et poivrez. Couvrez, puis enfournez et laissez cuire 7 minutes.

La cuisson en papillote convient parfaitement aux fruits de mer. Pour varier les plaisirs, remplacez les crevettes, selon vos goûts et l'arrivage du poissonnier, par des seiches, des coquilles Saint-Jacques ou des langoustines… Et, surtout, n'hésitez pas à relever le plat de piment…

Crevettes à l'ail et à la tomate

PRÉPARATION : 15 MIN

CUISSON : 12 MIN ENVIRON

POUR 4 PERSONNES

> 1 kg de crevettes crues
> 1 oignon
> 4 gousses d'ail
> 2 grosses tomates
> 3 cuill. à soupe d'huile d'olive
> 2 cuill. à soupe de vin blanc
> 2 cuill. à soupe de concentré de tomate
> 2 brins de persil plat
> sel et poivre du moulin

Épluchez, puis émincez l'oignon et écrasez l'ail. Lavez les tomates, puis coupez-les en quartiers. Dans une poêle, faites revenir le tout 3 minutes avec l'huile d'olive, puis déglacez au vin blanc. Ajoutez le concentré de tomate, poursuivez la cuisson 1 ou 2 minutes, puis salez et poivrez.

Décortiquez les crevettes en laissant les queues. Lavez le persil plat, puis hachez-le. Dans un plat, mélangez délicatement les tomates à l'ail avec les crevettes et le persil haché. Versez le tout dans un moule en silicone et couvrez. Enfournez et mettez à cuire 5 minutes au micro-ondes à puissance maximale.

Servez cette papillote tiède, en guise d'entrée, avec une vinaigrette au xérès et une salade de roquette…

Feuilles de poireau farcies aux noix de saint-jacques

PRÉPARATION : 15 MIN
CUISSON : 6 MIN ENVIRON

POUR 4 PERSONNES

> 8 noix de saint-jacques avec leur corail
> 8 feuilles de poireau
> le jus de 1 citron
> 1 cuill. à soupe d'huile d'olive
> 4 brins de cerfeuil
> sel et poivre du moulin

> ficelle de cuisine

Dans un plat creux, déposez les noix de saint-jacques et leur corail, puis arrosez-les de jus de citron et d'huile d'olive. Salez et poivrez.

Dans une casserole d'eau bouillante salée, faites blanchir les feuilles de poireau 1 minute, puis plongez-les immédiatement dans l'eau glacée pour les rafraîchir ; elles doivent garder une belle couleur verte. Égouttez-les.

Sur un plan de travail, disposez les feuilles de poireau à plat en les juxtaposant deux par deux. Placez 2 noix de saint-jacques et leur corail au centre des feuilles et répartissez les brins de cerfeuil. Pliez les feuilles pour obtenir des papillotes carrées, puis fermez-les avec de la ficelle de cuisine. Déposez-les dans un cuit-vapeur et faites cuire 5 minutes.

Outre le goût subtil des palourdes, parfaitement préservé par la cuisson en papillote, c'est la teneur en iode de ce plat qui fait sa grande richesse.

Paloudes au persil

PRÉPARATION : 15 MIN

CUISSON : 10 MIN AU FOUR TRADITIONNEL OU 2 MIN AU MICRO-ONDES

POUR 4 PERSONNES

> 1,4 kg de palourdes, soit 350 g par personne
> 1 bouquet de persil plat
> 1 oignon
> 30 cl de vin blanc sec
> sel et poivre du moulin

Préchauffez le four à 180 °C (therm. 6).

Lavez les palourdes sous l'eau fraîche 3 ou 4 fois, jusqu'à ce qu'elles ne contiennent plus de sable. Lavez le persil plat et ciselez-le. Épluchez l'oignon et émincez-le.

Versez les palourdes dans un moule en silicone, ajoutez le persil ciselé et l'oignon émincé, puis arrosez de vin blanc. Salez et poivrez.

Couvrez, puis enfournez et faites cuire 10 minutes au four traditionnel ou 2 minutes au four à micro-ondes à 900 W.

L'originalité de cette frangipane est d'utiliser de la poudre de noisette à la place de la poudre d'amande, ce qui donne à ce dessert une saveur très agréable.

Frangipane à la noisette et aux fruits rouges

PRÉPARATION : 10 MIN

CUISSON : 35 MIN

POUR 4 PERSONNES

> 150 g de fruits rouges (framboises, mûres, myrtilles, groseilles...) frais ou surgelés
> 70 g de beurre à température ambiante
> 70 g de sucre en poudre
> 2 œufs
> 100 g de poudre de noisette
> crème anglaise, pour accompagner

Préchauffez le four à 180 °C (therm. 6).

Dans un saladier, travaillez le beurre en pommade avec le sucre. Ajoutez les œufs, puis la poudre de noisette et mélangez jusqu'à obtenir une pâte homogène. Versez les fruits rouges et mélangez délicatement à l'aide d'une spatule.

Étalez soigneusement la frangipane dans un moule en silicone, couvrez, puis enfournez et faites cuire 35 minutes.

Laissez refroidir la frangipane avant de la servir accompagnée de crème anglaise.

Ces papillotes croustillantes aux fruits d'été sont aussi belles que savoureuses. Effet « paradis retrouvé » garanti...

Pêches et framboises à la cannelle

PRÉPARATION : 10 MIN
MARINADE : 30 MIN
CUISSON : 10 MIN

POUR 4 PERSONNES

> 4 pêches
> 1 barquette de framboises
> 30 g de sucre en poudre
> le jus de 1 citron
> 4 pincées de cannelle en poudre
> 4 feuilles de brik
> 4 cuill. à café de sirop d'érable

> ficelle de cuisine

Préchauffez le four à 180 °C (therm. 6).

Épluchez les pêches, puis coupez-les en quartiers. Lavez les framboises. Mettez les fruits dans un plat creux, ajoutez le sucre, le jus de citron, la cannelle et 12 cl d'eau. Mélangez, puis laissez mariner au frais 30 minutes.

Sortez les fruits marinés du réfrigérateur et égouttez-les. Disposez chaque feuille de brik dans un récipient creux, puis garnissez-les des fruits égouttés et d'une cuillerée à café de sirop d'érable chacune. Refermez les papillotes en aumônière à l'aide de ficelle de cuisine ou de piques en bois, puis enfournez et laissez cuire 10 minutes en veillant à ce que les feuilles de brik ne brûlent pas.

Pour profiter pleinement des parfums des agrumes, pelez-les à vif en veillant à bien retirer le zist et les membranes blanches qui entourent leur pulpe.

Gratin d'agrumes au sésame

PRÉPARATION : 35 MIN

CUISSON : 22 MIN ENVIRON

POUR 4 PERSONNES

> 1 pamplemousse
> 2 oranges
> 2 clémentines
> 30 g de graines de sésame

Pour la crème pâtissière

> 30 g de fécule de maïs
> 80 g de sucre en poudre
> 1 gousse de vanille
> 35 cl de lait frais entier + 1 cuill. à soupe
> 4 jaunes d'œuf
> 35 g de beurre à température ambiante
> 25 cl de crème liquide

Préparez la crème pâtissière. Dans une casserole, mélangez la fécule de maïs, la moitié du sucre, la gousse de vanille coupée en deux et le lait. Portez à ébullition en fouettant régulièrement. Dans un saladier, battez les jaunes d'œuf avec le reste de sucre 3 minutes. Ajoutez 1 cuillerée à soupe de lait et versez le tout dans la casserole. Faites cuire en fouettant jusqu'à ébullition, puis retirez du feu, ôtez la gousse de vanille et laissez refroidir.

Lorsque la crème est tiède, ajoutez le beurre et remuez vivement. Couvrez de film alimentaire en le plaçant directement au contact de la crème et laissez refroidir complètement.

Dans un bol, battez la crème liquide assez fermement, puis mélangez-la délicatement à la crème refroidie.

Préchauffez le four à 170 °C (therm. 5-6).

Pelez le pamplemousse et les oranges à vif, puis épluchez les clémentines. Mélangez-les aux deux tiers des graines de sésame. Versez la crème pâtissière dans un plat en silicone, puis ajoutez les fruits. Couvrez, puis enfournez et laissez cuire 15 minutes. En fin de cuisson, ôtez le couvercle, faites gratiner 4 minutes et parsemez le gratin d'agrumes du reste de graines de sésame.

Selon la saison et vos goûts, adaptez cette recette avec des quetsches ou des poires. Dans tous les cas, veillez au bon dosage du safran qui donne toute sa subtilité à cette papillote.

Fruits du verger au safran

PRÉPARATION : 20 MIN
CUISSON : 20 MIN

POUR 4 PERSONNES

> 3 pêches
> 4 nectarines
> 6 abricots
> 50 g de sucre en poudre
> quelques pistils de safran
> glace à la vanille

Dans une casserole sur feu doux, faites chauffer 50 cl d'eau avec le sucre.

Préchauffez le four à 210 °C (therm. 7).

Pelez les pêches, lavez les nectarines et les abricots, puis dénoyautez-les et coupez-les en quartiers. Dans une autre casserole, faites cuire les morceaux d'une pêche, de 2 abricots et d'une nectarine 5 minutes, puis mixez le tout jusqu'à obtenir un coulis de fruits. Versez un peu d'eau sucrée selon la consistance de coulis désirée. Hors du feu, ajoutez les pistils de safran et laissez infuser 3 minutes.

Déposez le reste des fruits dans un moule en silicone, versez le coulis et couvrez. Enfournez et laissez cuire 15 minutes.

Servez les fruits du verger au safran tièdes accompagnés de glace à la vanille.

Cette papillote énergétique est idéale pour un goûter ou un dessert hivernal, accompagnée ou non de crème anglaise.

Pommes et noix de pécan en papillotes croustillantes

PRÉPARATION : 15 MIN
CUISSON : DE 10 À 16 MIN

POUR 4 PERSONNES

> 6 pommes reines des reinettes
> 10 g de beurre
> 2 cuill. à soupe de cassonade
> 1 cuill. à soupe de calvados
> 50 g de noix de pécan
> 2 cuill. à soupe de sirop d'érable
> 8 feuilles de brik

> ficelle de cuisine

Préchauffez le four à 180 °C (therm. 6).

Épluchez les pommes et coupez-les en quartiers. Dans une poêle, faites-les revenir avec le beurre et la cassonade de 5 à 8 minutes, jusqu'à ce qu'elles soient bien dorées. Versez le calvados, faites flamber, puis ajoutez les noix de pécan et le sirop d'érable. Mélangez bien le tout.

Disposez les feuilles de brik, deux par deux, dans un récipient creux, puis garnissez-les de pommes caramélisées aux noix de pécan. Refermez les papillotes en aumônière avec de la ficelle de cuisine ou des piques en bois, enfournez et laissez cuire de 5 à 8 minutes.

TABLE DES ÉQUIVALENCES FRANCE-CANADA

POIDS

55 g	2 onces	200 g	7 onces	500 g	17 onces
100 g	3 onces	250 g	9 onces	750 g	26 onces
150 g	5 onces	300 g	10 onces	1 kg	35 onces

Ces équivalences permettent de calculer le poids à quelques grammes près (en réalité, 1 once = 28 g).

CAPACITÉS

25 cl	1 tasse	75 cl	3 tasses
50 cl	2 tasses	1 l	4 tasses

Pour faciliter la mesure des capacités, une tasse équivaut ici à 25 cl (en réalité, 1 tasse = 8 onces = 23 cl).

Textes et recettes : Geneviève Péron
Photographies : Thierry Arensma

Direction éditoriale Véronique de Finance-Cordonnier
Édition Marion Pipart
Direction artistique Emmanuel Chaspoul
Mise en page Sylvie Sénéchal
Lecture-correction Chantal Pagès assistée de Madeleine Biaujeaud
Couverture Véronique Laporte
Fabrication Annie Botrel

L'éditeur remercie Anne-Charlotte Diverrès pour sa participation efficace.

L'auteur tient à remercier Florian Garnier pour son aide précieuse dans la réalisation de ce livre.

ISBN 978-2-03-584416-3

Photogravure Turquoise, Émerainville
Imprimé en Espagne par Graficas Estella, Estella
Dépôt légal : janvier 2009
302356/04 – 11015438 avril 2011